PRAGER
Symphonie

PRAGER
Symphonie

in Bildern von
Gregor Maria Schmid,
mit einem Text von
Ludvík Kundera
und 16 Poesien von
tschechischen und
deutschen Dichtern

ADAM KRAFT VERLAG

Umschlag vorne
Blick von der Karlsbrücke zum Altstädter Brückenturm, Kuppel der Franziskuskirche und Türme des Clementinum

Umschlag hinten
Repräsentationshaus – Mosaik über dem Haupteingang

Die Deutsche Bibliothek – CIP-Einheitsaufnahme

Prager Symphonie / in Bildern von Gregor Maria Schmid und mit einem Text von Ludvik Kundera.
– Würzburg : Kraft, 1991 ISBN 3-8083-2004-4
NE: Schmid, Gregor M.; Kundera, Ludvik

Satz: Fotosatz Richard, Kitzingen
Repro: Artilitho, Trento
Druck: H. Schreckhase, Spangenberg
Verarbeitung: C. Fikentscher, Darmstadt
Gestaltung: Jürgen Roth, Würzburg
ISBN 3-8083-2004-4

Ludvík Kundera: Vier Sätze über Prag

1

Eines Tages (der Wind wirbelte, Papierchen flogen herum – Theater-, Ansichtskarten, Strafzettel?) war der Altstädter Ring eine fieberhafte Fläche, umzäunt von Gebäuden, die hinter sich den Schleier der Geschichte zogen, aber als Fläche absolut, eine Flut von Pflastersteinen, man würde sagen, daß sie die Umgebung unterwühlten, um nach einigen hundert Metern wieder herauskriechend fortzulaufen, am Wenzelsplatz, auf dem Graben, unter dem Prager Tor, an der Altneuen Synagoge, unweit der Moldau, aber nichts kann man als absolut bezeichnen, so auch ragt jählich das Denkmal des Johannes Hus, leidenschaftlich und hartnäckig, mit einem Wölkchen über der Stirn des gebenedeiten Ketzers, mit einem Wölkchen, das in Tauben zerfließt, und in diesem Moment kristallisieren schon aus dem Dunst der Geschichte die Kulissen, oben lächerlich, aber nicht ungenau Umzäunung genannt: ein Palast, das Haus zur steinernen Glocke, die Teynkirche mit dem Kelch als Traumgegenentwurf und nach der Lücke der Zeltnergasse das Gewimmel (...möcht ich sehn?), Laubengänge dutzendmal duftend, nach zehn Schritten immer neu, alte Mietshäuser, alte Weinstuben, und schließlich das Altstädter Rathaus (Aposteluhr, Klingeln, Hahn), 1945 fast verbrannt, als mahnende Ruine stehengeblieben, am anderen Ende grünlich noch eine Kirche, die Flut der Fläche erlaubt jedoch schon kein Herumflattern, obzwar nun die Tauben das Wölkchen zur Wolke ausdehnen, die Schlinge des Nebels (A.D. – wann?) zieht allmählich alles zusammen, man trifft noch mit Ratsherren plaudernde Könige, Studiosi und Prediger, Kaufleute und Mönche, Dichter im Harnisch, Dichter hemdsärmelig, alles wird dicht, die Fläche verschmilzt, das Pflaster führt ins Unendliche, eines Tages, nachts. Und

2

Durchgänge, Durchwege, Durchhäuser, Passagen. Verengungen, Einengungen, Schmälerungen. Bekritzeltes, Zickzack, Schuttablage, Mülltonnen. Raum geben, Geltung verschaffen, Bahn brechen; freien Lauf lassen? Claire-obscure, vervielfältigt bis zum Obskuren. Blinde Wege, versteckte Höfe, Passagen. Wohin? Winziges Himmelviereck! Es fehlt die Gelbe. Wen trifft man? Mysterium des Hinter-der-Ecke. Von Angesicht zu Angesicht, Auge in Auge, fatale Begegnungen. Traumgegner – in Gegenrichtungen. Dann sind wir draußen. Passagen verschwunden, Anziehung bleibt. Die Stadt kokettiert nun mit Panorama-Ausschnitten. Wo? Unten. Wohin? Nach oben. Die zwei Türme des Strahov-Klosters: Eidschwur? Der Petříner Aussichtsturm links daneben: aus den Zeiten, da die

Technik noch poetisch, nicht zerstörend war. Kleinseitner Paläste und die grüne Kuppel der Nikolaus-Kirche: Große barocke Nachtmusik! Derlei Anblicke: der sich durchsetzende Rhythmus der Stadt. Freudiger als je leuchten dann taumelerfüllt die Cafés (einst Schmieden der Kunst), aber krawallierend die Kneipen: strenge Grenzen zwischen Bier- und Wein-Reich...? Stiegen, Stufen, Treppen; steil, zag und zackig, ausgetreten. Die sich bäumenden Pferde oben auf dem Nationaltheater: dramatische Verfremdung. Wie? Hunderttürmig, sagt man (aber es sind mehr!), legendär, unheimlich, die Imagination entzündend: im Stichlicht der Scheinwerfer, ewig vor oder nach Feuerwerken. Parks: im Gebüsch überraschende Denkmäler, Bänke für Großeltern, welche spielende Enkelkinder hüten (tagsüber), Bänke für Liebespaare (nachts). Regen – wie sinnlich! In der Schwüle eines Juli-Tages wächst dann ohne Lethargie die pressante Besessenheit. Prag nistet schon eingehakt in den Köpfen. Und

3

über die Karlsbrücke schreitet Golem, das von Rabbi Löw erfundene und verwirklichte Lehmgeschöpf. Der Schem (Sch'ma?) unter seiner Zunge gab ihm das Leben. Golems sind drohende Monster Prags. Sie zerstampfen – ohne ein Wort zu sagen, geschweige denn fragen. Mittelalter...? Oh: wir begegneten noch gestern etlichen. Brutale Verflochtenheiten! Wer ist im Stande den Schem aus solchen Mäulern herauszureißen? Die Statuen auf der Karlsbrücke wechseln bekanntlich ihre Plätze und gestikulieren; aufgeregt, tragisch, lächerlich, schicksalhaft. Gewänder-Gewitter. Engelhaft, engelmild. Dies oder jenes Ende: ein Turm. Einst mit dem Grimassenschmuck abgehauener Köpfe? Symbol? Wessen? Und was kocht und schmort und zischt und wirbelt noch im Kessel dieser Stadtmitte? (Im Urkern, zwischen den Bögen der Moldaubrücken, in den Bienenstöcken der Altertümlichkeit, weiße Ovale chemischer Schwäne durchdringend – wie rauhe Töne plötzlich aus diesen harmonischen Formen!) Idylle der Insel Kampa, die der Ritter Bruncvík verteidigt: »Köpfe runter!« Schluck Bier im Hause des Henkers Mydlář. Neuere Stadtteile warten auf ihre poetische Chance. Aber Prager Balkons triumphieren überall! Umzüge der Photographen: nur einer in ursprünglicher Klothverhüllung. Die Beute ist ausgiebig. Der Jubel verliert sich in den Fassadenschluchten. Im Baumgarten schreiben siebzehnjährige Mädchen ihre ersten Gedichte, während Läufer der Mittelstrecken vorbeischnaufen. Greise schnappen Luft unter den Laubengängen am Kleinseitner Ring. Passanten gähnen, Gäste des ersten Tages flüstern vor Bezauberung. Am Kai Möwen verfolgen. Tanz der Regenschirme. Violette Moldau. Spiegel über dem Seminargarten. Adieu! ruft eine heisere Stimme und

4

der Hradschin en face als Bilderbogen, von links mit zwei drohenden Kyklopen, von rechts mit dem romanischen heiligen Georg, dem Drachenbekämpfer, und noch weiter rechts der sagenhafte Ritter Dalibor, dessen Geige (wörtlich: »die Not hat ihn geigen gelernt«) auf einem der vielen Häuserzeichen dominiert (schon wieder unten in der Stadt), verdreifacht! Neben Schwertern, Obst, Sonne, Sturmhauben, Mond, Gefieder, Sternen, Leitern, Schlüssel, Zinnen und Dingen an sich. Zurück hinauf! Im Goldenen Gäßchen treffen wir nicht nur eine Schar rudolfinischer Goldmacher, sondern auch Franz Kafka: anmutiger Jüngling und monströser Käfer in persona. Woher, wohin, weshalb? Im Hirschgraben Nässe und Schritte ehemaliger Wachen, Klirren, Klirren!, dauerhafter Frühling um das Lusthaus der Königin Anna, wer weiß welche das war, aber Lieblichkeit fehlt ihr nicht. Steckt nicht in solchen Begegnungen das Geheimnis dieser Stadt, das oft erwähnte, stets aber nebulöse Geheimnis? Den Magnet des Hradschin weiter umkreisend – – – nachts über menschenleere Plätze wandern, das allzugroße Palais Černín nur nebenbei betrachten, um den verträumten Loreto-Platz mit seinem sanften Glockenspiel auszukosten: Erinnerung an Italien...? Zurück, zurück! Eine junge Frau, in die Erzgotik des St. Veitsdomes eintretend, kann plötzlich nicht die Tränen verschlucken; dieser Raum, ein Seelenfänger!, umarmt, drückt und befreit im selben Augenblick, das Mosaik der Kirchenfenster verfärbt die Gemüter: Wo?, wann? Wer, wer kann die Losung kennen? Unerzogen so auf Frage mit Frage antwortend, ziehen wir weiter: Prager Spaziergänger – Dichterphantome begleiten uns. Guillaume Apollinaire sucht den Ewigen Juden, entdeckt aber die »Achate des Veitsdoms« an den Wänden der St. Wenzels-Kapelle. Jaroslav Seifert versteckt schon jahrelang unter der Pelerine seine Geige und raunt Verse, die kein Jambus, kein Trochäus umschnallt. Vítězslav Nezval schleppt André Breton und Paul Eluard durch Kleinseitner Gäßchen, um ihnen die »irrlichternde« Stadt konkret vorzuführen; seine Euphorie erlaubt uns einen mächtigen Sprung zur intimen Bertramka zu machen, wo das freundliche Ehepaar Duschek um den Don Giovanni wie um ihr Kind sorgt, so daß Wolfgang Amadeus Mozart seinen legendären Satz aussprechen kann: *»Meine Prager verstehen mich.«* Und?

Blick durch das Altstädter Brückenturmtor über die Karlsbrücke zum Hradschin, der Prager Burg, mit seiner mehr als tausendjährigen Geschichte, Residenz der böhmischen Könige und deutschen Kaiser.

Karlsbrücke mit Altstädter Brückenturm, Kuppel der Kreuzherrenkirche (St. Franziskus Seraphicus) und Türmen des Clementinums, einem ehemaligen Jesuitenkolleg und nach der Prager Burg der zweitgrößte Gebäudekomplex der Stadt.

Blick von der Karlsbrücke über die Moldau zum Nationaltheater. Im Vordergrund die Silhouette von Bruncvík, der Rolandstatue, Nachfolger einer Rolandfigur als Wahrzeichen für die Rechte der Altstädter Gemeinde.

12/13

Karlsbrücke von der Mánes-Brücke aus gesehen. Für die heutige, nach Kaiser Karl IV. benannte Brücke, legte dieser 1357 den Grundstein und übertrug die Bauleitung dem damals 27jährigen Peter Parler.

Rudolf Mayer-Freiwaldau

PRAGER SOMMER

Meine Finger
in die Kleinseite
deiner Hand

Wie sich der Ballen
zuckend hebt und senkt
vom Strom her

die Sommerwinde
eine Turmfahne schreit auf
wenn der Hahn tanzt

Weiß die Taube
jetzt auf Hussens Stirn
trommelt die Uhr

dir die Stunden ein
bis zum Abschied
und die Fanfaren

erinnern
vom Pranger
an Schmähungen

und rollende Köpfe
hier das weiß
die Taube jetzt

Die Barockbauten am Altstädter Ring mit dem Denkmal des Johannes Hus, von dem Bildhauer Ladislaw Šaloun (1870–1946) errichtet zur Erinnerung an den fünfhundertsten Jahrestag der Verbrennung des tschechischen Reformators.

Blick von der Karlsbrücke über die winterlich bereiften Dächer zum Hradschin mit den Türmen des Domes St. Veit, der größten Kirche Prags und Grablege der Kaiser und Könige.

Auf der Kleinseite die Brückengasse (Mostecká ulice) mit ihrem barocken Häuserbestand und St. Niklas, eines der bedeutendsten Barockwerke nördlich der Alpen.

Von der Karlsbrücke über die Dächer der Kampa-Insel, die ihren Namen im 17. Jahrhundert durch die vielen dort liegenden Gärten erhielt, zur Kleinseite, wo der hier geborene Jan Neruda (1834–1891) seine berühmten »Kleinseitner Geschichten« schrieb, die zu den Meisterwerken der tschechischen Literatur des 19. Jahrhunderts gehören.

Blick von der Karlsbrücke zum Hradschin. Im Vordergrund eine der zahlreichen Brückenplastiken, der heilige Philippus Benitius, 1714 von Michael Bernhard Mandl geschaffen.

Auf der Karlsbrücke. Detail der Plastik des heiligen Cajetan von Ferdinand Maximilian Brokoff (1688–1731). Die Karlsbrücke überspannt die Moldau in 16 Bögen mit einer Gesamtlänge von 516 Metern.

FVNDATOR

Eines der drei barocken Fassadenreliefs aus Stuck, der heilige Jakobus im Pilgergewand von dem Bildhauer Ottavio Mosto (1650–1710), an der Kirche und ehem. Kloster St. Jakob.

Das »Goldene Gäßchen«, früher Goldschmiedegäßchen, auf dem Hradschin. Nach der Überlieferung hatten hier unter Kaiser Rudolf II. (1576–1611) die Hofalchimisten ihre Laboratorien. Zeitweilig gehörte Franz Kafka (1833–1924) zu den Bewohnern der kleinen Gasse.

Laco Novomeský

SCHÖNER TAG

Die Reize dieser Stadt habe ich abgezählt
an den Fingern der kühnen Türme,
als unten die Sonne,
die Sonne ihre Arme
bis zum Ellbogen in die Moldau stieß wie in Blut
und die Häuser vor ihr furchtzitternde Schatten wurden.

Dann schritt ich durch die Allee zur Stadt hinab,
glücklich, den Sinn dieses Schauspiels erkannt zu haben,
beseligt durch Poesie,
die uns der Dinge verborgene Namen enthüllt,
die Geheimnisse der Erscheinungen,
das Wesen der Welt.

Aber auch lachend über die zitternden Häuserschatten,
denn wie kann nur das Scheinbare,
nur die grundlose Vorstellung
so in Furcht versetzen?

Am Ende ist es wohl dies:
daß in uns Dämonen und Feen sind,
ihr Grauen, ihre Macht, ihre Schönheit,
eine ganze Welt voll Schrecken
und Freude.

Die jungen Eichen im Hain, durch den ich zur Stadt lief,
nahmen die goldenen Kronen ab,
Menschen gingen darunter, barhaupt,
den Hut in der Hand,
und in der Schenke am Kai,
wo ich mich niederließ, um darüber zu schreiben,
rissen die Biere sich die weißen Kappen vom Kopf.

Guten Tag!

Ein schöner Tag!

Aus dem Slowakischen übertragen von Annemarie Bostroem

Winterstimmung an der Alten Schloßstiege, dem Treppenaufgang von der Kleinseite zur Prager Burg. In steilem Aufstieg führt sie hinauf zum Burgfelsen, von dem aus sich ein prachtvoller Ausblick auf die Häuser der Kleinseite bietet.

Bertolt Brecht

Das Moldaulied

Am Grunde der Moldau wandern die Steine
Es liegen drei Kaiser begraben in Prag.
Das Große bleibt groß nicht und klein nicht das Kleine.
Die Nacht hat zwölf Stunden, dann kommt schon der Tag.

Es wechseln die Zeiten. Die riesigen Pläne
Der Mächtigen kommen am Ende zum Halt.
Und gehn sie einher auch wie blutige Hähne
Es wechseln die Zeiten, da hilft kein Gewalt.

Am Grunde der Moldau wandern die Steine
Es liegen drei Kaiser begraben in Prag.
Das Große bleibt groß nicht und klein nicht das Kleine.
Die Nacht hat zwölf Stunden, dann kommt schon der Tag.

Blick von der Kleinseite (Kampa-Insel) über die Moldau auf die Altstadt, den Altstädter Brückenturm und das Smetana-Museum. Hier befanden sich früher die Altstädter Mühlen, von denen nur noch der alte Wasserturm zeugt.

Kreuzigungsgruppe 1861 von Emanuel Max gestaltet und Kruzifix aus dem Jahre 1629 mit der hebräischen Inschrift auf der Karlsbrücke. Im Hintergrund der Hradschin.

INRI

Die Türme am Altstädter Ring und der Altstadt von der Karlsbrücke aus, links der heilige Antonius von Padua, 1707 von Johann Ulrich Mayer geschaffen. Rechts die Statue des heiligen Johann von Nepomuk, den König Wenzel IV. der Überlieferung nach in der Moldau ertränken ließ.

Das Wiehl-Haus am Wenzelsplatz ist nach dem Architekten Antonín Wiehl benannt, der es 1859 bis 1896 im Renaissance-Stil errichten ließ. Die Entwürfe für die prachtvollen Fassadenmalereien stammen von Mikoláš Aleš und Josef Fanta.

VYCHOVANI DOBRA KORENEM
STROM·JAK·ZROSTE TAK·STOJI
LASKA ZIVOTA KVET
MAS·MNE·NEDBAS ZTRATIS·POZNAS

Im Jugendstil gestaltete Gebäude finden sich über das gesamte Stadtgebiet verstreut, in der Altstadt und im ehemaligen Prager Ghetto. Ein besonders prächtiges Beispiel ist der Hauptbahnhof.

In der Brückengasse (Mostecká ulice), die den Kleinseitner Ring mit der Karlsbrücke verbindet, hat sich der barocke Hausbestand gut erhalten, hier eine »Verkündigungsszene«.

Unter dem Rundbogen am Altstädter Brückenturm zwischen Kaiser Karl IV. (links) und seinem Sohn Wenzel IV. der heilige Veit, Schutzpatron der Karlsbrücke, neben ihm die Wappen des Reiches (links) und des Königreiches Böhmen, ein Werk von Peter Parler (1330–1399).

Vogelschwärme im winterlichen Morgendunst über den Türmen des Altstädter Rings und der Altstadt von der Karlsbrücke aus gesehen.

Sgraffitomalerei (Kratzputz) auf dem Hradschin am Schwarzenberg-Palais, das im 18. Jahrhundert in den Besitz der Adelsfamilie Schwarzenberg gelang. Heute befindet sich hier das Historische Militärmuseum.

POSTAVENO

Relief über dem Eingang des Lokals »Zur Traube« in der Husgasse (Husova ulice). Diese Hauszeichen gaben den Häusern Namen, bevor sie numeriert wurden und verrieten den Beruf der Besitzer.

Miroslav Holub

SYNDROM DES WENZELSPLATZES

Dezember.
Die elfte Abendstunde
vergoldet vom Natriumlicht, Smog der Stille
am Boden. Der reitende Fürst verfolgt mit seinem Bronzeauge
die Wache am Fuß. Da und dort die Silhouette eines Fußgängers,
eher unwirklich.

Aber aus der Krone einer Linde, die vergessen hat,
ihr Laub abzuwerfen, singt mächtig eine Amsel,
das Lied steigt hoch und sinkt herab in die U-Bahn,
das Lied einer einzigen schizophrenen
Dezemberamsel,
das mächtige, anhaltende Lied einer einzigen
schizophrenen Amsel,

ja, freilich,
ein Lied.

1988 Übertragen von Franz Peter Künzel – Handschrift

*Abenddämmerung in der Brückengasse (Mostecká ulice)
mit Blick auf die Türme von St. Niklas auf der Kleinseite.*

Detail einer Barockfassade in der Zeltnergasse (Celetná ulice), früher ein wichtiger Handelsweg, heute eine prächtige Geschäftsstraße.

Günter Kunert

PRAG

Es ist eine Stelle in Europa, wo aus dem Boden ein seltsames Konglomerat von gemauertem Stein stieg, ähnlich den von Menschen benützten Städten: Diese hier aber ist nicht wirklich und nicht wirklich eine solche. Die Leute, mit denen sie tags die Straßen dekoriert, saugt sie gegen Abend ein, so daß von ihnen nur noch wenige, einsame Reste anzutreffen sind, bis auch diese der große Atemzug in unbekannte Kavernen trägt, Gänge genannt, Tunnel, geziegelte Röhren, kaum belichtet, gewölbte Schläuche, echolos durchlaufen. Hier eine Lampe, dort eine Lampe, selbstgenügsam nur sich hervortuend. Wer sich da hineinwagt, spürt bald, wie aus ihm sacht das Blut wegrinnt und hinter seinen Schritten versickert, Zukunft und Ziele dazu, während er immer ungestaltiger hingeht, hinweht durch eine Gasse, die sich unaufhörlich reproduziert: Angstlos ferner und nichts mehr erwartend, als daß irgendwann versinkt, was an Umgebung schon eine Weile vorhielt und das mit dem Wort *Prag* sehr ungenau bezeichnet ist.

Das Hotel »Evropa« am Wenzelsplatz ist eines der schönsten Prager Gebäude im Jugendstil. Die Anlage des boulevardähnlichen Platzes geht bereits auf das 14. Jahrhundert zurück. Das Reiterstandbild des heiligen Wenzel von Josef V. Myslbek (1848–1922) auf dem oberen Teil des Platzes zeigt den Landespatron und Märtyrer Böhmens.

HÔTEL
GRAND HOTEL EVROPA
HOTEL

In der dem Künstlerehepaar Dušek gehörenden Villa Bertramka verbrachte Wolfgang Amadeus Mozart (1756–1791) einige Zeit während seiner Prager Aufenthalte. Als Weltpremiere erklang im Nostitz-Theather, jetzt Tyl-Theater, seine Symphonie D-dur, seither »Prager Symphonie« genannt.

Vladimír Holan

BERTRAMKA

Nein, hier braucht sich niemand
die Ohren mit einem Alpenwasserfall zustopfen.
Nur die Stille
blättert hier in der Silhouettensammlung
selten gestört, um hinauszuschauen beobachtend
die Regenhütchen unter der Dur-Akkord-Traufe...
Außer der Stille sind hier noch zwei.
Um sie abzuwarten, muß das Phantom zu sich selbst gehen.

Aber das Genie ist eine fortwährende Gegenwart...

Übertragen von Ludvík Kundera – Handschrift

*Das Arbeitszimmer von Mozart in der Villa Bertramka.
Hier vollendete er seine Oper »Don Giovanni«, die im
Herbst 1787 in Prag uraufgeführt wurde.*

Das im 19. Jahrhundert von dem Architekten Josef Zítek erbaute Nationaltheater ist ein Symbol für das Nationalbewußtsein. Die tschechische Bevölkerung ermöglichte den Bau durch die Sammlung der finanziellen Mittel.

Erich Arendt

PRAGER JUDENFRIEDHOF

Für Paul Celan

Abgestorben
die Wurzeln innen. Am Ölberg
der Schatten des Todes
entsamt. Kreuzweg:
nie endend: Deines
und Meines – aber
noch irrt
der Meeresflügel
des Worts.

Hier, Tagjahre grau,
das Gespinst, das
Entlaubte, oben
ein Lauschen. Unhörbar
ein Wind. Tagjahre
grau, die klagende
Düsenspur. Wind,
alt wie Erdunkeln
von Rinden.

Unter dem Taglid doch
sinnen –
tief

aus dem Boden, Stein längst
wachsen die Stirnen
der Toten: Gesetzestafeln
ungebrochen, Stirn an Stirn,
geschleudert, gebogen
vom Zeitgott, von
seinem Wind. Zu lesen darauf
die harte
Lineatur, herzgrau das Alte:
des Leids unlöschbares
Testament, das gilt noch,
nach ihm wird
gezählt auch das Grau
deiner Schläfe,
letztes
Sediment des Worts.

Augen ihr Münder
Augen! Mirjam
Jehudi, der Sand
eurer Füße! Verjagte,

Verbrannt!

Augen Münder
der Schrift,
Schattenzug eines
Erinnerns, eingegraben,
auglos hier mundlos.
Dem Staub verschwistert
unsre Finger,
lesen die Namen.

Der Alte Jüdische Friefhof, bedeutendstes Denkmal der alten Prager Judenstadt – der größten Judenstadt Europas – entstand im 15. Jahrhundert und wurde bis 1787 benutzt. Hier sind etwa 200000 Menschen begraben, unter ihnen der Hohe Rabi Jehuda Löw ben Bezalel (1520–1609), Begründer der Rabbinerschule in der alten Prager Judenstadt, der den sagenhaften Golem, den künstlichen Menschen aus Lehm, als Beschützer des Ghettos geschaffen haben soll.

Allee innerhalb der Mauern des Klosters Břevnov im gleichnamigen Vorort. Im Jahre 993 gründete der heilige Adalbert dieses erste Männerkloster Böhmens. Das Barockportal schuf Kilian Ignaz Dientzenhofer 1740; die Statue des Ordensheiligen Benedikt stammt von dem bayrischen Bildhauer Karl Josef Hiernl.

Blick von der Mánes-Brücke zur Karlsbrücke mit Altstädter Brückenturm und dem Turm des alten Wasserwerks beim Friedrich Smetana-Museum, in dem Partituren, Briefwechsel und Erinnerungsstücke des Komponisten (1824–1884) aufbewahrt werden.

Der Gebäudekomplex des Loreto-Heiligtums ist in mehreren Bauetappen entstanden. Die Frontfassade im Barockstil wurde von Christoph Dientzenhofer und seinem Sohn Kilian Ignaz in den Jahren 1721 bis 1724 erbaut. Die Putti auf der Terrasse sind Arbeiten von Andreas P. Quittainer.

Laterne am Hradschiner Platz, der schon im Mittelalter Zentrum der Ortschaft Hradčany war, heute beeindruckt er vor allem durch die über die gesamte östliche Seite sich erstreckende Eingangsfront der Prager Burg und durch das Erzbischöfliche Palais, Schwarzenberg-Palais und das Toskana-Palais, Sitz des Außenministeriums.

Rose Ausländer

PRAG

Immer träumte ich nach Prag
immer kam etwas dazwischen
Zeitnot Krankheit Krieg

Kafka stand
vor dem Hradschin
verirrter Himmelsbote

Ich schwöre
beim heiligen Franz
ich kann die Mauern
nicht durchbrechen
die Zauberkünste schlafen

Dort träumen Dichter
ihre Wunder
Gut mit ihnen
Kirschen essen

Trauert Prag
um meinen Traum?
Mein Traum
trauert um Prag

Hradschiner Platz mit Erzbischöflichem Palais, der Burg und den Türmen des Domes St. Veit. Im Vordergrund die von Ferdinand Maximilian Brokoff um 1726 errichtete Mariensäule.

Vítězslav Nezval

GESAMTANSICHT VON PRAG

Wie in die Höhe geworfene Mützen
Wie Mützen von Kindern Kokotten und Kardinälen
Die der Zauberer Žito verwunschen hat
Am großen Fest
Wie Mützen mit Lampions
Zur Johannisnacht
Wenn die Feuer brennen
Und auch als Stadt von Regenschirmen
aufgespannt als Raketenschirm

Das alles ist Prag

Über die Mauer geneigt
Möchte ich einen wundertätigen Blumenstrauß pflücken

Ich schaue gebannt auf die Lichter des großen Karussells
Das mit allen Glocken
All seine Barken und seine verirrten Pferde zusammenruft
Das mit allen Glocken
Alle Lichter zusammenruft

Übertragen von Franz Fühmann

Blick von der Strahovská-Straße auf dem Laurenziberg über die bereiften Dächer zum Hradschin. Das Kloster Strahov wurde im 12. Jahrhundert gegründet.
Im Bibliotheksgebäude der Anlage befinden sich der bemerkenswerte »Theologische Bibliothekssaal« und der »Philosophische Bibliothekssaal« mit dem berühmten Deckengemälde von Franz Anton Maulpertsch aus dem Jahre 1749.

Detail von der Mánes-Brücke, benannt nach dem tschechischen Maler Josef Mánes (1820–1871), dem berühmtesten Vertreter der tschechischen Malerei des 19. Jahrhunderts. Sein bekanntestes Werk ist die Malerei auf der Kalenderscheibe der Astronomischen Uhr am Altstädter Rathaus.

Jaroslav Seifert

DER PHOTOGRAPH JOSEF SUDEK

Als ob der Frühling heuer nicht gewesen wäre.
Der Sturm hatte die Turmuhren aufgezogen,
der Schnee rauschte.
Und es war Ende März.

Die Apostel am Altstädter Rathaus nickten:
So eine Zeit, so eine Zeit!
Zwölfmal hintereinander.
Aber der Photograph Sudek
versteckte lustig sein unrasiertes Gesicht
unter dem zerknitterten Cloth
und sprach zu sich selbst: So eine Schöheit!
Er hatte nackte Bäume gern,
noch ohne Blätter, ohne Blüten,
obwohl ihm die Finger froren.
Anemonen hetzte ich auf ihn.

Zuerst klatschten Tauben in der Luft,
das Fenster sprang auf,
das Gras fing an zu weinen,
das Wasser bäumte sich, die Glocke
schlug Feuer.

Enttäuscht schloß sich Sudek
in die Dunkelkammer ein.
Während er in die Schale
die Salzsäure zugoß,
die im Dunst des Chlorwasserstoffs beißt,
dufteten die Bäume süß.

Und während Liebende, Knie an Knie,
zu ihren Küssen
bis wer weiß wohin eilten,
wog er vom Sublimat weiße Kristalle ab,
die tödlich giftig sind.

Zuletzt aber warf er doch über seine Schulter
das schwere altertümliche Stativ.
Wer Prag gern hat
kann nicht anders,
es ist fast wie eine Verdammnis.

Wenn sie sich nur beeilte,
diese Stadt, mit der auch ich bis zum Tode nicht fertig werde,
und das Leben entflieht.

Aus dem Tschechischen übertragen von Ludvík Kundera

Der Tod mit dem Stundenglas und das Heidentum als Türke neben der Uhrenscheibe der Astronomischen Uhr aus dem 15. Jahrhundert am Altstädter Rathausturm. Diese weltberühmte Uhr besteht aus drei Teilen: der Kalenderscheibe, der Uhrenscheibe und einem Apostelumzug, der stündlich stattfindet.

Der Gebäudekomplex des Rathauses mit dem gotischen Erker und die barocke Kirche St. Niklas auf dem nächtlich beleuchteten Altstädter Ring.

Reiner Kunze

BRIEF AUS PRAG 1980

Das baugerüst stehe noch immer

Längst habe sich von der fassade
der rest des putzes gelöst

Nun blättre vom gerüst der rost
und auf dem gehsteig sei
zeitlos herbst

Detail eines der alten Häuser des kleinen Straßenzuges »Neue Welt« (Nový svět) im Stadtteil Hradčany, der als Vorstadt bereits im 14. Jahrhundert entstanden ist und mehrfach durch Brände zerstört wurde.

Die Dreigespanne mit der Siegesgöttin zu beiden Seiten des Daches vom Nationaltheater sind nach Entwürfen von Bohuslav Schnirch entstanden. Eröffnet wurde das Theater am 15. Juni 1881 mit der Oper »Libuša« (Libussa) von Friedrich Smetana. Libussa war der Sage nach die Gründerin von Prag und Ahnherrin der böhmischen Dynastie der Przemysliden.

Im 3. Burghof auf dem Hradschin steht der mächtige gotische Dom St. Veit. Baumeister waren von 1344 bis 1352 Matthias von Arras, 1352 bis 1399 Peter Parler, danach seine Söhne und weitere, vollendet wurde er im neugotischen Stil durch Josef Mocker und Kamil Hilbert. Detail von der Portalseite.

Vítězslav Nezval

WAS DIE MITTAGSSONNE MIT PRAG TREIBT

Aus keinem Traum wacht ich auf und bin keinem Eilzug
entstiegen
Ich hab mir die Mühe erspart als Überseedampfer zu irren
Schon lange hab ich kein Märchenbuch aufgeschlagen
Such in der Liebe kein Weltall und nicht einmal diese Welt
Ich will mit den Vögeln nicht singen noch submarine
Reiche besingen
Ich mach mir nichts vor über weltbeherrschende Völker und
exotische Orte
Ich halte das Volk dessen Sprache ich spreche nicht für
schlechter und auch nicht für besser als Ausländer sind
Ans Schicksal der Weltkatastrophen gebunden hab ich die
leidliche Freiheit zu leben zu sterben

Es ist Vormittag ich sitze unter einem bunten Sonnenschirm
dort unten liegt Prag
Ich sehs durch die Bäume wie ein Wahnsinniger seine
Visionen

Ansicht von der Südseite des Domes St. Veit. Dieser Teil gehört zu den großen schöpferischen Leistungen Peter Parlers. In einer Baugruppe sind Wenzelskapelle, Querhausportal mit Vorhalle und großer Turm zusammengefaßt.

Nach langen Regengüssen steigt violetter Dunst von ihm auf
Es ist ein großes Schiff dessen Mast der Hradschin ist
Es ist mein Traumbild verwunschener Städte
Es ist das große Schiff des Goldnen Korsaren
Es ist ein Traum verzückter Bauhüttenmeister
Es ist ein Thron es ist die Magiemetropole
Es ist der Hof des Saturn der sein Tor vor der Sonne aufreißt
Es ist das vulkanische Fort das ein fiebernder Narr aus
dem Stein schlug
Es ist die Lehrerin einsamer Inspirationen
Es ist ein wiedererwachter Vulkan ein Armband in Spiegeln
tanzend

Mittags
Prag wacht im Halbtraum wie ein phantastischer Drache
Wie ein heiliges Nashorn dessen Käfig der Himmel ist
Wie eine Tropfsteinorgel mit singenden Pfeifen
Wie ein Symbol der Auferstehung und der Schätze
in ausgetrockneten Seen
Wie eine Armee in schwerer Rüstung wenn sie den Kaiser
grüßt
Wie eine Armee in schwerer Rüstung wenn sie die Sonne
grüßt
Wie eine Armee in schwerer Rüstung in Jaspis verzaubert

Rokokogitter, das den Ersten Burghof (Ehrenhof) der Prager Burg vom Hradschiner Platz trennt. Im Hintergrund das Matthiastor – unter Kaiser Matthias 1614 errichtet – das früheste Zeugnis des Barocks in Prag.

Du verwunschene Stadt wir haben dich lange genug
wie die Blinden betrachtet
Wir sind in die Ferne gereist dich zu suchen Prag
heute seh ich es ein
Du bist dunkel wie Feuer in Felsschluchten wie meine
Phantasie
Deine Schönheit ist Grotten und unterirdischen Achaten
entquollen
Du bist alt wie die Prärie über die ein Lied schwebt
Wenn deine Turmuhren schlagen bist du dunkel wie Inbrunst
Erhaben wie ein Grab wie das Stirnband äthiopischer Kaiser
Du bist von der anderen Welt wie der Spiegel der
Imagination
Du bist schön wie das Geheimnis der Liebe und der
unwahrscheinlichen Wolken
Du bist schön wie das Geheimnis des Worts und das
Gedächtnis der Urgebirge
Schön wie ein erratischer Fels
auf den die Regen Zeichnungen schrieben
Schön wie das Geheimnis des Schlafs
wie das Geheimnis der Phosphore und der Sterne
Schön wie das Geheimnis des Donners der Wunderlampe
wie das Geheimnis der Poesie

Übertragen von Franz Fühmann

Die modernen Fenster im Dom St. Veit wurden nach Entwürfen von Max Švabinský, Karel Svolinský und František Kysela gestaltet.

UHASIT
NEMOHOU
VODY MNOHE

Rokokofassade des Kaunitz-Palais in der Brückengasse, erbaut von Anton Schmidt 1773 bis 1775 für die Herren von Kaunitz, heute Sitz der jugoslawischen Botschaft.

Die Fassade des Rott-Hauses in der Altstadt ist reich mit Wandmalereien geschmückt. Die Darstellungen beziehen sich auf die hier verkauften Waren; Rott war der Besitzer einer Eisenwarenhandlung.

V.J.

Blick von der Kaprova-Straße zum Altstädter Rathausturm. 1338 erhielten die Bürger der Altstadt vom König das Recht, ein Rathaus zu errichten. Der heutige Gebäudekomplex besteht aus mehreren Häusern vom 14. bis zum 19. Jahrhundert.

1902

Ingeborg Bachmann

PRAG JÄNNER 64

Seit jener Nacht
gehe und spreche ich wieder,
böhmisch klingt es,
als wär ich wieder zuhause,

wo zwischen der Moldau, der Donau
und meinem Kindheitsfluß
alles einen Begriff von mir hat.

Gehen, schrittweise ist es wiedergekommen,
Sehen, angeblickt, habe ich wieder erlernt.

Gebückt noch, blinzelnd,
hing ich am Fenster,
sah die Schattenjahre,
in denen kein Stern
mir in den Mund hing,
sich über den Hügel entfernen.

Über den Hradschin
haben um sechs Uhr morgens
die Schneeschaufler aus der Tatra
mit ihren rissigen Pranken
die Scherben dieser Eisdecke gekehrt.

Unter den berstenden Blöcken
meines, auch meines Flusses
kam das befreiende Wasser hervor.

Zu hören bis zum Ural.

Karlsbrücke und Hradschin vom Smetana-Kai aus gesehen. In der Barockzeit wurden die dreißig Statuen und Statuengruppen der Brücke bei verschiedenen, berühmten Bildhauern in Auftrag gegeben.

Paul Celan

IN PRAG

Der halbe Tod,
großgesäugt mit unserm Leben,
lag aschenbildwahr um uns her –

auch wir
tranken noch immer, seelenverkreuzt, zwei Degen,
an Himmelssteine genäht, wortblutgeboren
im Nachtbett,

größer und größer
wuchsen wir durcheinander, es gab
keinen Namen mehr für
das, was uns trieb (einer der Wieviel-
unddreißig
war mein lebendiger Schatten,
der die Wahnstiege hochklomm zu dir?),

ein Turm,
baute der Halbe sich ins Wohin,
ein Hradschin
aus lauter Goldmacher-Nein,

Knochen-Hebräisch,
zu Sperma zermahlen,
rann durch die Sanduhr,
die wir durchschwammen, zwei Träume jetzt, läutend
wider die Zeit, auf den Plätzen.

Die Moldau am Smetana-Kai. In den Jahren 1874 bis 1879 schrieb der Komponist Friedrich Smetana die sechs symphonischen Dichtungen des Zyklus »Mein Vaterland«, darunter »Die Moldau«.

Die 75 Meter hohe Kuppel von St. Niklas auf der Kleinseite wurde von Kilian Ignaz Dientzenhofer vollendet. Die vier überlebensgroßen Standbilder der Jesuitenheiligen und Kirchenlehrer schuf Ignaz Franz Platzer (1717–1787).

Blick von der Ansichtsgalerie des Kleinseitner Brückenturms, er entstand im Jahre 1464; der niedrigere romanische Turm wurde bereits im 12. Jahrhundert erbaut.

Seiteneingang am Gemeinde- oder Repräsentationshaus, einem reinen Jugendstilbau. Hier wurde am 28. Oktober 1918 die Erste Tschechoslowakische Republik ausgerufen.

Barockbau mit dem Fassadengemälde »Mariä Himmelfahrt« am Kleinseitner Ring.

Detail einer Hausfassade in der Nerudova-Straße auf der Kleinseite. Die Nerudastraße ist eine der schönsten Straßen des alten Prag. Fast jedes Gebäude ist durch Hauszeichen benannt, wie Haus Nr. 12 »Zu den drei Geigen«, Wohnhaus und Werkstatt von Geigenbauern.

HK

Blick von der Karlsbrücke auf die Kuppel von St. Franziskus Seraphicus oder Kreuzherrenkirche und die Türme des Clementinums. Die umfangreiche Barockanlage der Kirche wurde 1679 bis 1689 nach Plänen von Jean Baptiste Mathey von Domenico Canevale errichtet.

Auf dem steil über der Modau aufragenden Felsen liegt die Burganlage Vyšehrad, deren Name eng mit der Gründung Prags verbunden ist. Die Kollegiatskirche St. Peter und Paul wurde seit 1070 bis in das 20. Jahrhundert hinein mehrfach umgebaut.

Auf dem Vyšehrader Ehrenfriedhof werden bis heute die bedeutendsten tschechischen Persönlichkeiten beigesetzt. Den Friedhof umgibt auf drei Seiten ein im Renaissance-Stil erbauter Arkadengang von Antonín Wiehl, in der Mitte die Büste des Komponisten Antonín Dvořák (1841–1904).

Jaroslav Seifert

WALDSTEIN-GARTEN

Wenn's Veilchen regnet in
der alten Lyra Saiten,
die einem Diskus gleich
ihr unter'm Arme ruht,

der jungen Göttin, – ach,
sie kleidete vor Zeiten
der rauschenden Fontäne
glitzernde Silberflut,

wenn dann die Blätter, falb,
leis an die Treppe klopfen,
im leeren Brunnenbecken
der Wind sich spielt wie toll,

in kühlen Efeu sich
schweigend die Nackte kauert,
sind unsre Worte wieder
zärtlicher Torheit voll.

Bei den Musketen, die
im Eck dort grau verschimmeln,
wischt' von den Lippen dein
mein Kuß das feuchte Rouge,

so wie die Zeit, leis rührend
die Harfen alter Bäume,
von rostbeschlagnen Waffen
schon längst das Blut abwusch.

Übertragen von Louis Fürnberg

Den Mittelpunkt des Vyšehrader Ehrenfriedhofes bildet der 1884 bis 1890 nach Entwürfen von Antonín Wiehl gestaltete »Slavín«, ein monumentales Grabmal. Die allegorische Darstellung des Ruhmes, den großen Ruhmesengel vor einem Sarkophag, schuf Josef Mauder 1892.

František Halas

PRAG

Balsamtannen
mit wachenden Hähnen
ertönend am Metall
des Wartewinds

Wie Knie liebender Frauen
so zärtlich umklammern dich deine Hügel
und die Pauke des Frühlings
schallt Auferstehung

Deine Wehre Moldau Wasserwebstühle
von den Schiffchen der Möwen flink durchflogen
und nachts strömt Gold
aus den Schößen der Schrate

Altstädter Ring
Palasthöfe
Kirchenschiffe
deine Herzkammern
Mutter der Städte
deine Herzkammern

Die Karyatide der Burg hält den tschechischen Himmel
und die Finger Sankt Veits vertagen dorthin unsern Zwist

Der Flug der Vögel zeichnet den Grundriß
von Kuppeln ewigen Ruhms

Unter dem traurigen Blau
diesem Blau von Blut ohne Sauerstoff
bist du dennoch voll Inbrunst

Hinter deiner Schleppe brodeln noch deine Schuttplätze
brodeln brennen
mit Bettelkletten ätzenden Nesseln
bis daß der Stein Feuer fängt

1940 Übertragen von Franz Fühmann

Blick von der Aussichtsterrasse in Vyšehrad auf die Moldau. Hier auf dem Felsen soll der Sage nach die älteste Burg gestanden und die Fürstin Libussa die ruhmvolle Zukunft Prags vorausgesagt haben.

Quellennachweis

Erich Arendt, Prager Judenfriedhof. Für Paul Celan. Aus: Aus fünf Jahrzehnten. Hinstorff Verlag Rostock 1968.

Rose Ausländer, Prag. Aus: Rose Ausländer, Ich höre das Herz des Oleanders. Gedichte 1977-1979. © S. Fischer Verlag GmbH Frankfurt am Main 1984

Ingeborg Bachmann, Prag Jänner 64. Aus: Gesammelte Werke in 6 Bänden. © R. Piper & Co. Verlag München 1978

Bertolt Brecht, Das Moldaulied. Aus: Gesammelte Werke. © Suhrkamp Verlag Frankfurt am Main 1967

Paul Celan, In Prag. Aus: Atemwende. © Suhrkamp Verlag Frankfurt am Main 1967

František Halas, Prag. Aus: Der Hahn verscheucht die Finsternis. Verlag Volk und Welt Berlin 1970

Günter Kunert, Prag. Aus: Günter Kunert, Tagträume in Berlin und andernorts. © Carl Hanser Verlag München Wien 1964

Reiner Kunze, Brief aus Prag 1980. Aus: Reiner Kunze, auf eigene hoffnung. © S. Fischer Verlag GmbH Frankfurt am Main 1981

Rudolf Mayer-Freiwaldau, Prager Sommer. Aus: Brudersprache – Bratrský jazyk. edition Transform, Bogendrucke. Druck und Verlag Dr. Johann Herp GmbH München 1991

Vítězslav Nezval, Gesamtansicht von Prag, Was die Mittagssonne mit Prag treibt. Aus: Die Glasträne. Verlag Volk und Welt Berlin 1964

Laco Novomeský, Schöner Tag. Aus: Abgezählt an den Fingern der Türme. Verlag Volk und Welt Berlin 1971

Der Verlag dankt allen Inhabern der Rechte für die Genehmigung zum Druck. In den Fällen, wo es nicht möglich war, den Rechtsinhaber bzw. Rechtsnachfolger zu ermitteln, konnte leider keine Abdruckerlaubnis eingeholt werden. Die Honoraransprüche der Autoren bzw. der Erben bleiben gewahrt.